W9-DET-670

Focus On

Multiplication and Division with Decimals

KUMON

Decimal I

1 Write the appropriate number in each box below.

10 points per question

① 0.1 is $\dfrac{1}{\boxed{}}$ of 1.

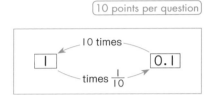

② 0.01 is $\dfrac{1}{\boxed{}}$ of 1.

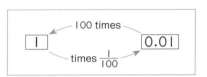

③ 0.001 is $\dfrac{1}{\boxed{}}$ of 1.

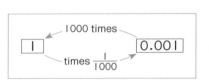

2 Write the appropriate number in each box below.

4 points per question

① 1 mm = $\boxed{}$ cm

> 10 mm = 1 cm
> 1 mm = 0.1 cm

② 3 mm = $\boxed{}$ cm

③ 50 cm = $\boxed{}$ m

> 100 cm = 1 m
> 10 cm = 0.1 m
> 1 cm = 0.01 m

④ 7 cm = $\boxed{}$ m

⑤ 13 cm = $\boxed{}$ m

3 Write the appropriate number in each box below.

5 points per question

① 600 m = ☐ km

② 420 m = ☐ km

> 1000 m = 1 km
> 100 m = 0.1 km
> 10 m = 0.01 km
> 1 m = 0.001 km

③ 1983 m = ☐ km

④ 400 g = ☐ kg

> 1000 g = 1 kg
> 100 g = 0.1 kg
> 10 g = 0.01 kg
> 1 g = 0.001 kg

⑤ 275 g = ☐ kg

⑥ 2 kg 91 g = ☐ kg

4 Write the appropriate numbers in each box below.

5 points per question

① 10 times 3.4 = ☐

② 100 times 3.4 = ☐

③ One tenth of 3.4 = ☐

④ One hundredth of 3.4 = ☐

If you multiply a number by 10, the decimal point moves to the right one digit. If you multiply a number by 100, the decimal point moves to the right two digits. Alternately, if you divide by 10 or 100, the decimal point moves to the left one digit or two digits.

3

2 Decimal Ⅱ

1 Multiply.

⟨Example⟩

$0.34 \times 10 = 3.4$ $1.342 \times 10 = 13.42$

$0.34 \times 100 = 34$ $1.342 \times 100 = 134.2$

$0.34 \times 1000 = 340$ $1.342 \times 1000 = 1342$

① $0.35 \times 10 =$

② $0.345 \times 10 =$

③ $0.28 \times 100 =$

④ $0.275 \times 100 =$

⑤ $0.038 \times 100 =$

⑥ $4.16 \times 10 =$

⑦ $2.81 \times 100 =$

⑧ $1.281 \times 1000 =$

⑨ $1.2 \times 100 =$

⑩ $2.76 \times 1000 =$

2 Divide.

〈Example〉

$32 \div 10 = 3.2$ $324.5 \div 10 = 32.45$

$32 \div 100 = 0.32$ $324.5 \div 100 = 3.245$

$32 \div 1000 = 0.032$ $324.5 \div 1000 = 0.3245$

① $43 \div 10 =$

② $435 \div 10 =$

③ $38 \div 100 =$

④ $628 \div 100 =$

⑤ $275 \div 1000 =$

⑥ $3.8 \div 10 =$

⑦ $38.5 \div 10 =$

⑧ $41.8 \div 100 =$

⑨ $86 \div 1000 =$

⑩ $64.7 \div 1000 =$

Keep up the good work!

1 Write the appropriate number in each box below and fill in each decimal point.

5 points per question

⟨Example⟩

$$
\begin{array}{r}
1.8 \\
\times \quad 6 \\
\end{array}
\Rightarrow
\begin{array}{r}
1.8 \\
\times \quad 6 \\
\hline
1\ 0\ 8 \\
\end{array}
\Rightarrow
\begin{array}{r}
1.8 \\
\times \quad 6 \\
\hline
1\ 0.8 \\
\end{array}
$$

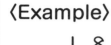

10 times

$$
\begin{array}{r}
1.8 \\
\times \quad 6 \\
\hline
1\ 0.8 \\
\end{array}
\qquad
\begin{array}{r}
1\ 8 \\
\times \quad 6 \\
\hline
1\ 0\ 8 \\
\end{array}
$$

times $\frac{1}{10}$

First, multiply 18×6

Then, include the decimal point in the same place as 1.8

①
$$
\begin{array}{r}
1.3 \\
\times \quad 4 \\
\hline
\end{array}
$$

↑ Decimal point

③
$$
\begin{array}{r}
0.9 \\
\times \quad 7 \\
\hline
\end{array}
$$

②
$$
\begin{array}{r}
0.2 \\
\times \quad 4 \\
\hline
\end{array}
$$

↑ Write 0.

④
$$
\begin{array}{r}
1\ 2.6 \\
\times \quad 3 \\
\hline
\end{array}
$$

2 Multiply.

8 points per question

①   1.9
  ×   4

②   2.3
  ×   7

③   6.8
  ×   6

④   9.4
  ×   8

⑤   0.3
  ×   2

⑥   0.1
  ×   6

⑦   0.7
  ×   8

⑧   30.4
  ×   3

⑨   24.7
  ×   4

⑩   46.2
  ×   7

Don't forget to include the decimal point.

1 Write the appropriate number in each box below and fill in each decimal point.

5 points per question

⟨Example⟩

$$\begin{array}{r} 1.5 \\ \times\ \ \ 6 \\ \hline \end{array}$$
➡
$$\begin{array}{r} 1.5 \\ \times\ \ \ 6 \\ \hline 9\ 0 \end{array}$$
➡
$$\begin{array}{r} 1.5 \\ \times\ \ \ 6 \\ \hline 9.0 \end{array}$$

Then include the decimal point in the same place as 1.5

First, multiply 15×6

Don't write the 0 in your final answer because 9.0 is equal to 9

①
$$\begin{array}{r} 0.6 \\ \times\ \ \ 5 \\ \hline \ \square\ \varnothing \end{array}$$

↑ Decimal point

It's unnecessary to write the 0 or the decimal point when the answer is a whole number.

③
$$\begin{array}{r} 1\ 1.5 \\ \times\ \ \ \ \ \ 2 \\ \hline \square\ \square\ \square \end{array}$$

②
$$\begin{array}{r} 1.4 \\ \times\ \ \ 5 \\ \hline \square\ \square \end{array}$$

④
$$\begin{array}{r} 1\ 2.5 \\ \times\ \ \ \ \ \ 4 \\ \hline \square\ \square\ \square \end{array}$$

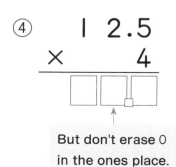

But don't erase 0 in the ones place.

2 Multiply.

① 1.2
× 5

② 2.5
× 4

③ 5.8
× 5

④ 0.2
× 5

⑤ 0.5
× 8

⑥ 0.4
× 5

⑦ 18.5
×   2

⑧ 21.5
×   4

⑨ 12.5
×   8

⑩ 40.5
×   6

When you finish, check your answers. Then correct any wrong answers by trying the questions again.

9

date　　／　　／　　score　　／100

1 Write the appropriate number in each box below and fill in each decimal point.

5 points per question

①
$$
\begin{array}{r}
1.78 \\
\times\quad 4 \\
\hline
\square\square\square
\end{array}
$$

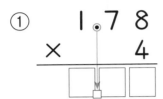

Place the decimal point in the correct position.

②
$$
\begin{array}{r}
0.75 \\
\times\quad 3 \\
\hline
\square\square\square
\end{array}
$$

③
$$
\begin{array}{r}
3.27 \\
\times\quad 6 \\
\hline
\square\square\square\square
\end{array}
$$

④
$$
\begin{array}{r}
1.28 \\
\times\quad 5 \\
\hline
\square\square 0
\end{array}
$$

Your final answer shouldn't include the 0.

⑤
$$
\begin{array}{r}
0.75 \\
\times\quad 4 \\
\hline
\square\square\square
\end{array}
$$

When the answer is a whole number, zeros after the decimal point are unnecessary.

⑥
$$
\begin{array}{r}
2.03 \\
\times\quad 8 \\
\hline
\square\square\square\square
\end{array}
$$

2 Multiply.

①   1.9 4
    ×   3
---

②   4.0 8
    ×   9
---

③   5.3 4
    ×   6
---

④   2.8 6
    ×   5
---

⑤   6.4 3
    ×   7
---

⑥   0.2 3
    ×   4
---

⑦   0.9 1
    ×   7
---

⑧   0.5 5
    ×   4
---

⑨   0.7 6
    ×   8
---

⑩   0.0 5
    ×   6
---

6 Decimal × Integer Ⅳ

date / / score /100

1 Write the appropriate number in each box below and fill in each decimal point.

10 points per question

①
```
   1.2
 × 4 6
   7 2
 4 8
□□□
```

③
```
   0.7
 × 6 9
   □□
  □□
 □□□
```

(1) Multiply as though both numbers are integers.
(2) Then include the decimal point in the same place as 1.2

②
```
   4.5
 × 3 6
 2 7 0
 □□□
 □□□□
```

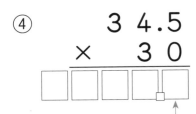

Don't include the 0 in your final answer.

④
```
   3 4.5
 ×   3 0
 □□□□□
```

Don't include the 0 in your final answer.

Don't forget to include the decimal point.

12 ©Kumon Publishing Co., Ltd.

2 Multiply.

①
$$\begin{array}{r} 1.6 \\ \times\ 1\ 2 \\ \hline \end{array}$$

④
$$\begin{array}{r} 0.6 \\ \times\ 1\ 2 \\ \hline \end{array}$$

②
$$\begin{array}{r} 3.8 \\ \times\ 7\ 4 \\ \hline \end{array}$$

⑤
$$\begin{array}{r} 0.9 \\ \times\ 8\ 3 \\ \hline \end{array}$$

③
$$\begin{array}{r} 8.5 \\ \times\ 5\ 2 \\ \hline \end{array}$$

⑥
$$\begin{array}{r} 6\ 5.1 \\ \times\ \ \ 8\ 0 \\ \hline \end{array}$$

1 Write the appropriate number in each box below and fill in each decimal point.

10 points per question

①
```
      1 . 3 6
  ×     1 2
      2 7 2
    1 3 6
  ┌─┬─┬─┬─┐
  └─┴─┴─┴─┘
```

②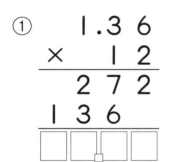
```
      4 . 6 9
  ×       3 7
    3 2 8 3
  ┌─┬─┬─┬─┐
  └─┴─┴─┴─┘
  ┌─┬─┬─┬─┬─┐
  └─┴─┴─┴─┴─┘
```

③
```
      0 . 3 2
  ×       1 6
  ┌─┬─┬─┐
  └─┴─┴─┘
  ┌─┬─┐
  └─┴─┘
  ┌─┬─┬─┐
  └─┴─┴─┘
```

④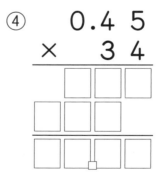
```
      0 . 4 5
  ×       3 4
  ┌─┬─┬─┐
  └─┴─┴─┘
  ┌─┬─┬─┐
  └─┴─┴─┘
  ┌─┬─┬─┐
  └─┴─┴─┘
```

Don't include the zeros that trail after the decimal point in your final answer.

2 Multiply.

①   1.2 8
  ×   1 4

④   0.2 6
  ×   1 7

②   3.0 4
  ×   4 2

⑤   2.1 5
  ×   3 4

③   2.8 7
  ×   6 3

⑥   1.6 8
  ×   2 5

1 Write the appropriate number in each box below and fill in each decimal point.

6 points per question

①
$$
\begin{array}{r}
2\ 5 \\
\times\ 0.7
\end{array}
$$
→ The decimal point is to the left of one digit.

The decimal point is to the left of one digit.

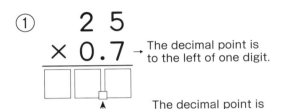

②
$$
\begin{array}{r}
8 \\
\times\ 2.3 \\
\hline
2\ 4
\end{array}
$$
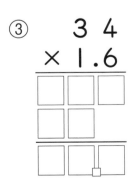

③
$$
\begin{array}{r}
3\ 4 \\
\times\ 1.6
\end{array}
$$

④
$$
\begin{array}{r}
6\ 0 \\
\times\ 4.9 \\
\hline
5\ 4\ 0
\end{array}
$$
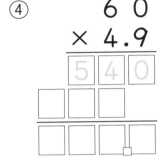

⑤
$$
\begin{array}{r}
3\ 7 \\
\times\ 3.2
\end{array}
$$
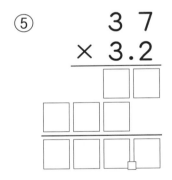

Multiplying integers with decimals is the same as multiplying decimals with integers — you must multiply the numbers like they are both integers, and then include the decimal point in your answer.

2 Multiply.

①
$$\begin{array}{r} 7\ 3 \\ \times\ 0.4 \\ \hline \end{array}$$

②
$$\begin{array}{r} 1\ 2\ 8 \\ \times\ \ \ \ 0.6 \\ \hline \end{array}$$

③
$$\begin{array}{r} 6 \\ \times\ 7.4 \\ \hline \end{array}$$

④
$$\begin{array}{r} 1\ 3 \\ \times\ 2.6 \\ \hline \end{array}$$

⑤
$$\begin{array}{r} 4\ 2 \\ \times\ 1.7 \\ \hline \end{array}$$

⑥
$$\begin{array}{r} 8\ 0 \\ \times\ 3.5 \\ \hline \end{array}$$

⑦
$$\begin{array}{r} 4\ 2 \\ \times\ 8.5 \\ \hline \end{array}$$

9 Decimal × Decimal Ⅰ

date　／　／　score　／100

1 Write the appropriate number in each box below and fill in each decimal point.

10 points per question

〈Example〉

```
  0.8        8        0.8  → The decimal point is to the left of ①digit.
× 0.3  →  ×  3   →  × 0.3  → The decimal point is to the left of ①digit.
            2 4     0.2 4
```
→ Add

First, multiply 8×3

The decimal point is to the left of ②digits.

```
  0.8  ──10 times──→   8
× 0.3  ──10 times──→  × 3
0.2 4  ──100 times──→  2 4
       times 1/100
```

Add the digits after the decimal point in each number being multiplied. The answer should have that many digits after its own decimal point.

①
```
  0.8
× 0.9
┌─┬─┬─┐
│0│ │ │
└─┴─┴─┘
```
↑ ↑ Include the decimal point to the left of two digits.
Write 0.

②
```
  1.2
× 0.6
┌─┬─┬─┐
│ │ │ │
└─┴─┴─┘
```

③
```
  2.4
× 0.9
┌─┬─┬─┐
│ │ │ │
└─┴─┴─┘
```

④
```
  0.3
× 0.2
┌─┬─┬─┐
│0│0│ │
└─┴─┴─┘
```
↑ ↑ Write 0 in each place.

The decimal point in the answer is to the left of two digits because you added the digits after the decimal point in each number being multiplied.

2 Multiply.

①
$$\begin{array}{r} 0.6 \\ \times\ 0.4 \\ \hline \end{array}$$

②
$$\begin{array}{r} 0.9 \\ \times\ 0.5 \\ \hline \end{array}$$

③
$$\begin{array}{r} 0.7 \\ \times\ 0.4 \\ \hline \end{array}$$

④
$$\begin{array}{r} 0.2 \\ \times\ 0.4 \\ \hline \end{array}$$

⑤
$$\begin{array}{r} 1.3 \\ \times\ 0.4 \\ \hline \end{array}$$

⑥
$$\begin{array}{r} 5.4 \\ \times\ 0.3 \\ \hline \end{array}$$

⑦
$$\begin{array}{r} 4.9 \\ \times\ 0.5 \\ \hline \end{array}$$

⑧
$$\begin{array}{r} 7.2 \\ \times\ 0.8 \\ \hline \end{array}$$

⑨
$$\begin{array}{r} 12.4 \\ \times\ \ \ 0.7 \\ \hline \end{array}$$

⑩
$$\begin{array}{r} 32.6 \\ \times\ \ \ 0.8 \\ \hline \end{array}$$

When you finish, check your answers. Then correct any wrong answers by trying the questions again.

1 Write the appropriate number in each box below and fill in each decimal point.

[10 points per question]

①
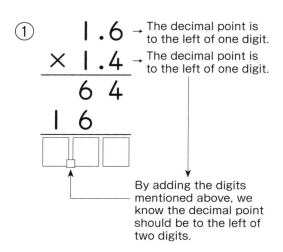

$$
\begin{array}{r}
1.6 \\
\times\ 1.4 \\
\hline
6\ 4 \\
1\ 6 \\
\hline
\end{array}
$$

1.6 → The decimal point is to the left of one digit.
× 1.4 → The decimal point is to the left of one digit.

By adding the digits mentioned above, we know the decimal point should be to the left of two digits.

③
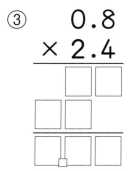

$$
\begin{array}{r}
0.8 \\
\times\ 2.4 \\
\hline
\end{array}
$$

②
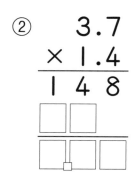

$$
\begin{array}{r}
3.7 \\
\times\ 1.4 \\
\hline
1\ 4\ 8 \\
\end{array}
$$

④
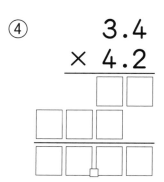

$$
\begin{array}{r}
3.4 \\
\times\ 4.2 \\
\hline
\end{array}
$$

Keep up the good work!

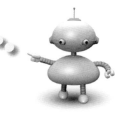

2 Multiply.

10 points per question

①   1.6
   × 2.4

②   0.9
   × 2.4

③   5.1
   × 1.7

④   2.3
   × 3.4

⑤   3.9
   × 4.2

⑥   5.3
   × 4.5

What wonderful work!

1 Write the appropriate number in each box below and fill in each decimal point.

10 points per question

①
$$\begin{array}{r} 3.4 \\ \times\ 1.5 \end{array}$$

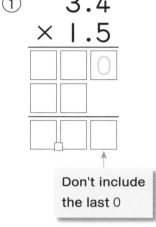

Don't include the last 0

③
$$\begin{array}{r} 2.5 \\ \times\ 2.4 \end{array}$$

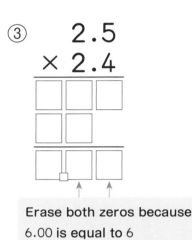

Erase both zeros because 6.00 is equal to 6

②
$$\begin{array}{r} 0.8 \\ \times\ 4.5 \end{array}$$

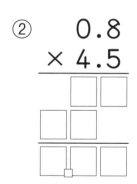

④
$$\begin{array}{r} 3.6 \\ \times\ 2.5 \end{array}$$

You're clever!

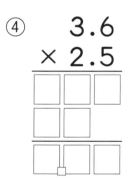

②　Multiply.

①　　　1.2
　　× 3.5
　　─────

②　　　0.4
　　× 1.5
　　─────

③　　　1.4
　　× 8.5
　　─────

④　　　4.5
　　× 2.6
　　─────

⑤　　　2.5
　　× 4.8
　　─────

⑥　　　7.5
　　× 2.4
　　─────

When you finish, check your answers. Then correct any wrong answers by trying the questions again.

date / / score /100

1 Write the appropriate number in each box below and fill in each decimal point.

10 points per question

Don't forget to count the digits to the right of the decimal point.

①
```
      2 . 2 3   ··· two digits ┐
    ×     3 . 4  ··· one digit  ┘
      8 9 2
    [ ][ ][ ]
  [ ][ ][ ][ ]   ··· three digits ◄─┘
```

③
```
        3 . 4
    × 1 . 2 6
      2 0 4
      [ ][ ]
    [ ][ ]
  [ ][ ][ ][ ]
```

②
```
      3 . 1 4   ··· two digits ┐
    × 0 . 6 2   ··· two digits ┘
      6 2 8
    [ ][ ][ ][ ]
  [ ][ ][ ][ ][ ]   ··· four digits ◄─┘
```

④
```
        2 . 8
    × 0 . 3 6
      [ ][ ][ ]
    [ ][ ]
  [ ][ ][ ][ ]
```

In these multiplication exercises, the decimal points in the answers are to the left of three or four digits.

2 Multiply.

① 1.2 3
×   2.5

④   2.4
× 0.5 6

② 3.0 4
×   3.9

⑤ 0.8 2
× 5.4 3

③ 2.5 7
× 0.6 1

⑥ 1.2 3
× 2.4 1

Good job!

13 Decimal × Decimal V

1 Write the appropriate number in each box below and fill in each decimal point.

10 points per question

①
```
    2. 1 5
×      4. 2
    4 3 0
```

Don't forget to erase any zeros that trail at the end of the number.

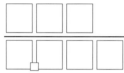

②
```
      2. 4
× 0. 7 5
```

Erase the two trailing zeros.

③
```
    0. 2 4
×      3. 8
```

Always write a zero in the ones place if the number is a decimal.

④
```
    0. 3 4
× 0. 2 7
```

Write 0 in the ones place and the tenths place.

© Kumon Publishing Co., Ltd.

2 Multiply.

①
```
    3.2 4
×     1.5
```

②
```
      6.5
× 0.3 4
```

③
```
    6.2 5
× 0.5 6
```

④
```
    0.2 7
×     2.7
```

⑤
```
    0.1 6
× 0.4 7
```

⑥
```
    0.6 6
× 0.7 5
```

Be careful to put the decimal point in the correct place!

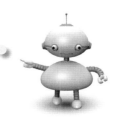

1 Multiply.

8 points per question

①
$$\begin{array}{r} 9.5 \\ \times\ \ \ 8 \\ \hline \end{array}$$

②
$$\begin{array}{r} 5.2 \\ \times\ 6\ 7 \\ \hline \end{array}$$

③
$$\begin{array}{r} 4\ 9 \\ \times\ 3.4 \\ \hline \end{array}$$

④
$$\begin{array}{r} 7.1\ 3 \\ \times\ \ \ \ \ 8 \\ \hline \end{array}$$

⑤
$$\begin{array}{r} 3.9\ 4 \\ \times\ \ \ 2\ 8 \\ \hline \end{array}$$

Make sure you add the correct amount of digits so you place the decimal point in the right spot.

2 Multiply.

①   2.8
   × 7.3
────────

④   3.7 6
   ×   4.2
────────

②   4.2
   × 8.5
────────

⑤   0.8 4
   ×   3.5
────────

③   0.6
   × 1.6
────────

⑥   5.9 2
   × 2.6 3
────────

You mastered multiplying with decimals. Good job!

1 Write the appropriate number in each box below.

10 points per question

①

$$
\begin{array}{r}
2.\square \\
3\overline{)7.8} \\
6 \\
\overline{18} \\
\square\square \\
\overline{0}
\end{array}
$$

③

$$
\begin{array}{r}
0.\square \\
8\overline{)6.4} \\
\square\square \\
\square
\end{array}
$$

Write 0 in the ones place of the answer, then the decimal point, and then divide.

②

$$
\begin{array}{r}
2.\square\square \\
3\overline{)7.6\ 2} \\
6 \\
\overline{16} \\
\square\square \\
\overline{12} \\
\square\square \\
\overline{\square}
\end{array}
$$

④

$$
\begin{array}{r}
0.\square\square \\
7\overline{)2.3\ 8} \\
2\ 1 \\
\overline{28} \\
\square\square \\
\overline{\square}
\end{array}
$$

2 Divide until there is no remainder. (10 points per question)

① $5\overline{)9.5}$

② $7\overline{)4.2}$

③ $4\overline{)23.6}$

④ $4\overline{)9.56}$

⑤ $8\overline{)51.12}$

⑥ $5\overline{)3.35}$

1 Write the appropriate number in each box below.

10 points per question

①
```
        2.☐
   14)3 2.2
     2 8
      ☐☐
      ☐☐
       ☐
```

③
```
         2.☐☐
   16)3 4.2 4
     3 2
     2 2
     ☐☐
      ☐ 4
      ☐☐
        0
```

②
```
        0.☐
   23)1 8.4
     ☐☐☐
       0
```

④
```
         0.☐☐
   21)1 3.6 5
     ☐☐☐
      ☐☐
      ☐☐
        0
```

Division with decimals is the same as division with integers but you include a decimal point.

2 Divide until there is no remainder.

①

$$31 \overline{)4\ 3.4}$$

②

$$43 \overline{)9\ 4.6}$$

③

$$32 \overline{)2\ 8.8}$$

④

$$12 \overline{)3\ 7.6\ 8}$$

⑤

$$23 \overline{)5\ 3.8\ 2}$$

⑥

$$19 \overline{)1\ 8.0\ 5}$$

17 Integer ÷ Integer

date / / score /100

1 Write the appropriate number in each box below and fill in each decimal point.

10 points per question

① 8 ÷ 5

(1) ⟶ (2)

```
    1
5)8
  ☐
  ☐
```

Divide 8 by 5.

```
    1 ☐.
5)8.0
  5
  3 0
  ☐☐.☐
  ☐
```

When there is a remainder, attach a decimal point and zero to the dividend and continue dividing until there is no remainder left. In this example, you convert 8 to 8.0 and continue solving the answer by dividing 30 by 5.

② 24 ÷ 32

(1) ⟶ (2)

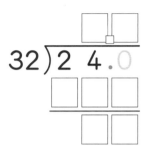

```
        ☐☐.☐
32)2 4.0
   ☐☐☐
    ☐☐
```

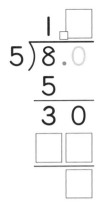

```
        0.7 ☐
32)2 4.0
   2 2 4
     1 6 0
   ☐☐☐
    ☐
```

Convert 24 to 24.0. Then calculate as though you are dividing 240 by 32.

34 ©Kumon Publishing Co., Ltd.

2 Write the appropriate number in each box below.

①
$$4\overline{)31.0}$$

②
$$25\overline{)1.00}$$

In ②, you need to write 0 in the ones place and the tenths place in order to continue dividing until there is no remainder.

3 Divide until there is no remainder.

15 points per question

①
$$8\overline{)76}$$

②
$$16\overline{)6}$$

1 Write the appropriate number in each box below and fill in each decimal point.

(10 points per question)

① 2.3 ÷ 5

(1) ⟶ (2)

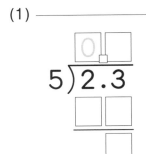

```
    0.□□
5)2.3
```

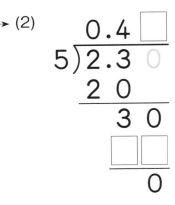

```
   0.4□
5)2.3 0
   2 0
   3 0
   □□
     0
```

The answer is less than 1, so write 0 in the ones place and insert a decimal point. Then divide.

Convert 2.3 to 2.30 by writing 0 in the hundredths place. Then divide 30 by 5.

② 92.7 ÷ 45

(1) ⟶ (2)

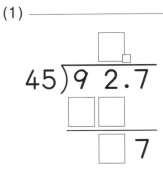

```
      □.□
45)9 2.7
   □□
   □ 7
```

```
     2.□□
45)9 2.7 0
   9 0
   2 7 0
   □□□
       0
```

Convert 92.7 to 92.70 by writing 0 in the hundredths place.

2 Write the appropriate number in each box below.

①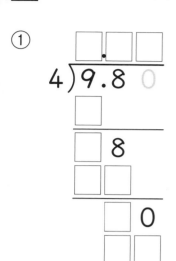

②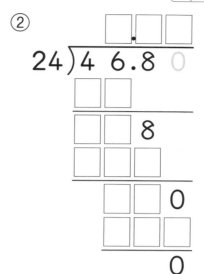

3 Divide until there is no remainder.

①

$$8\overline{)0.4}$$

②

$$16\overline{)1\ 5.6}$$

date / / score /100

1 Write the appropriate number in each box below.

10 points per question

① 6 ÷ 0.3

(1) ─────────→ (2) ─────────→ (3)

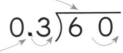

When you divide an integer by a decimal, you must convert the decimal into an integer.

Multiply 0.3 by 10, and 6 by 10.

Calculate 60 ÷ 3.

② 18 ÷ 0.4

(1) ─────────→ (2)

$$0.4\overline{)18}$$

You must multiply 0.4 by 10, and 18 by 10. The answer to 18 ÷ 0.4 is equal to the answer to 180 ÷ 4.

2 Divide until there is no remainder.

① $0.6\overline{)9}$

② $0.4\overline{)2\ 4}$

③ $0.7\overline{)1\ 0\ 5}$

④ $0.4\overline{)1\ 3\ 2}$

⑤ $0.5\overline{)1\ 4}$

⑥ $0.8\overline{)3\ 6}$

⑦ $0.6\overline{)4\ 5}$

⑧ $0.5\overline{)1\ 3\ 5}$

date / / score /100

1 Write the appropriate number in each box below.

(10 points per question)

① 6 ÷ 1.2

(1) ⟶ (2) ⟶ (3)

$$1.2\overline{)6}$$

When you divide an integer by a decimal, you must convert the decimal into an integer.

$$1.2\overline{)6\ \square}$$

Multiply 1.2 by 10, and 6 by 10.

$$1.2\overline{)6\ 0}$$ with boxes

Calculate 60 ÷ 12.

② 81 ÷ 4.5

(1) ⟶ (2)

$$4.5\overline{)8\ 1\ \square}$$

You multiply 4.5 by 10, so you must also multiply 81 by 10.

If you multiply the divisor and dividend by 10, the answer does not change.

For example:

$$4 ÷ 2 = 2$$
10 times ↓   ↓ 10 times
$$40 ÷ 20 = 2$$

$$4.5\overline{)8\ 1\ 0}$$ with boxes

Calculate 810 ÷ 45.

2 Divide until there is no remainder.

10 points per question

①

$1.5\overline{)9}$

②

$1.4\overline{)7}$

③

$1.8\overline{)9}$

④

$6.5\overline{)7\ 8}$

⑤

$2.8\overline{)7\ 0}$

⑥

$2.5\overline{)6\ 0}$

1 Write the appropriate number in each box below and fill in each decimal point.

10 points per question

① 2.4 ÷ 0.6

(1) ────────────→ (2)

$$0.6\overline{)2.4}$$

Multiply 0.6 by 10, and 2.4 by 10.

Calculate 24 ÷ 6.

When you multiply by 10, move the decimal one digit to the right. Then divide.

② 1.32 ÷ 0.4

(1) ────────────────→ (2)

$$0.4\overline{)1.32}$$

You must multiply 0.4 by 10, and 1.32 by 10. Calculate 13.2 ÷ 4.

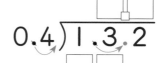

2 Divide until there is no remainder.

(10 points per question)

① $0.6\overline{)1\ 2.6}$

② $0.5\overline{)1\ 7.5}$

③ $0.7\overline{)0.3\ 5}$

④ $0.6\overline{)1.5}$

⑤ $0.6\overline{)0.1\ 5}$

⑥ $0.4\overline{)3\ 7.6}$

⑦ $0.4\overline{)3.3\ 2}$

⑧ $0.7\overline{)2.5\ 2}$

22 Decimal ÷ Decimal Ⅱ

date　　／　／　score　／100

1 Write the appropriate number in each box below and fill in each decimal point.

10 points per question

① 8.4 ÷ 1.5

(1) ⟶ (2)

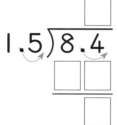

Multiply 1.5 by 10, and 8.4 by 10.
Calculate 84 ÷ 15.

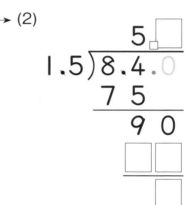

Write 0 in the tenths place.

② 1.2 ÷ 4.8

(1) ⟶ (2)

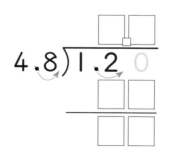

You must multiply 4.8 by 10, and 1.2 by 10.
Calculate 12 ÷ 48.

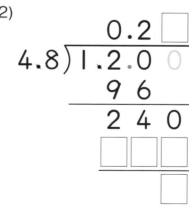

Write 0 in the hundredths place.

2 Write the appropriate number in each box below and fill in each decimal point.

①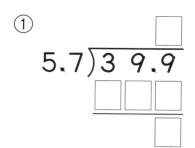

②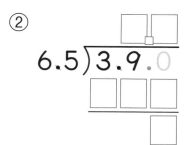

3 Divide until there is no remainder.

①
$$3.4\overline{)2\ 5.5}$$

③
$$8.3\overline{)4\ 9.8}$$

②
$$8.4\overline{)2.1}$$

④
$$3.5\overline{)2.8}$$

1 Write the appropriate number in each box below and fill in each decimal point.

10 points per question

① 5.92 ÷ 3.7

(1) ⟶ (2)

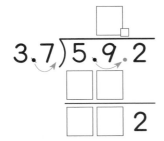

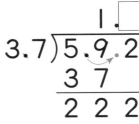

Multiply 3.7 by 10, and 5.92 by 10.
Calculate 59.2 ÷ 37.

② 5.32 ÷ 7.6

(1) ⟶ (2)

7.6)5.3.2

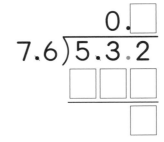

You must multiply 5.32 by 10, and 7.6 by 10.

The answer is less than 1, so write 0 in the ones place and insert a decimal point. Then divide.

2 Divide until there is no remainder.

10 points per question

①

$1.6 \overline{)7.8\ 4}$

②

$2.7 \overline{)9.1\ 8}$

③

$4.8 \overline{)2.8\ 8}$

④

$5.8 \overline{)7.5\ 4}$

⑤

$6.9 \overline{)3.4\ 5}$

⑥

$9.1 \overline{)2.7\ 3}$

1 Write the appropriate number in each box below and fill in each decimal point.

20 points per question

① 11.52 ÷ 0.48

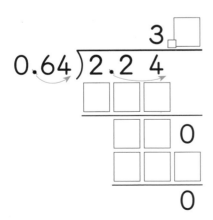

Multiply 0.48 by 100, and 11.52 by 100.
Move the decimal point two digits to the right.
Calculate 1152 ÷ 48.

② 2.24 ÷ 0.64

```
           3 □
0.64 ) 2 . 2  4
       □□□
        □ □ 0
        □□□
             0
```

Multiply 0.64 by 100, and 2.24 by 100.
Calculate 224 ÷ 64.

Be careful to put the decimal point in the correct place.

2 Divide until there is no remainder.　10 points per question

①

$$0.41 \overline{)14.35}$$

④

$$0.47 \overline{)95.88}$$

②

$$0.28 \overline{)11.76}$$

⑤

$$0.58 \overline{)2.61}$$

③

$$1.23 \overline{)28.29}$$

⑥

$$3.06 \overline{)4.59}$$

25 Decimal ÷ Decimal V

date   /   /   score   /100

1 Write the appropriate number in each box below and fill in each decimal point.

10 points per question

① 9 ÷ 1.2

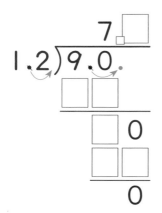

Multiply 1.2 by 10, and 9 by 10.

③ 7.8 ÷ 0.15

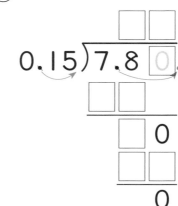

② 1 ÷ 2.5

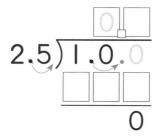

Multiply both numbers by 10, so you can calculate 10 ÷ 25. The answer is less than 1, so write 0 at the ones place and insert a decimal point. Then calculate 100 ÷ 25.

④ 0.3 ÷ 0.75

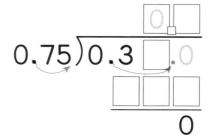

50   ©Kumon Publishing Co., Ltd.

2 Divide until there is no remainder.

①

$2.5 \overline{)3}$

②

$0.8 \overline{)2}$

③

$7.5 \overline{)6}$

④

$0.14 \overline{)5.6}$

⑤

$0.18 \overline{)4.5}$

⑥

$0.25 \overline{)0.3}$

26 Review: Division with Decimals

date / / score /100

1 Divide until there is no remainder. (10 points per question)

① $3\overline{)19.2}$

② $45\overline{)31.5}$

③ $4\overline{)6.24}$

④ $18\overline{)19.44}$

⑤ $2.5\overline{)12}$

2 Divide until there is no remainder.

①

$8\overline{)12.4}$

④

$1.47\overline{)8.82}$

②

$1.6\overline{)2.8}$

⑤

$4.84\overline{)3.63}$

③

$2.3\overline{)8.97}$

Be careful to put the
decimal point in the
correct place!

1 Multiply.

10 points per question

①
$$\begin{array}{r} 3.7\,5 \\ \times\quad 2.6 \\ \hline \end{array}$$

④
$$\begin{array}{r} 0.5\,5 \\ \times\quad 3.2 \\ \hline \end{array}$$

②
$$\begin{array}{r} 4.3 \\ \times\ 7.7 \\ \hline \end{array}$$

⑤
$$\begin{array}{r} 4.8\,1 \\ \times\ 2.4\,6 \\ \hline \end{array}$$

③
$$\begin{array}{r} 1.8 \\ \times\ 0.4 \\ \hline \end{array}$$

2 Divide until there is no remainder.

①
$$8\overline{)13.2}$$

②
$$1.4\overline{)2.38}$$

③
$$2.4\overline{)9.12}$$

④
$$1.37\overline{)9.59}$$

⑤
$$0.75\overline{)2.4}$$

You mastered multiplication and division with decimals. Good job!

Answer Key

Multiplication and Division with Decimals

1 Decimal I
P2-3

1
1. 10
2. 100
3. 1000

2
1. 0.1
2. 0.3
3. 0.5
4. 0.07
5. 0.13

3
1. 0.6
2. 0.42
3. 1.983
4. 0.4
5. 0.275
6. 2.091

4
1. 34
2. 340
3. 0.34
4. 0.034

2 Decimal II
P4-5

1
1. 3.5
2. 3.45
3. 28
4. 27.5
5. 3.8
6. 41.6
7. 281
8. 1281
9. 120
10. 2760

2
1. 4.3
2. 43.5
3. 0.38
4. 6.28
5. 0.275
6. 0.38
7. 3.85
8. 0.418
9. 0.086
10. 0.0647

3 Decimal × Integer I
P6-7

1
1. 5.2
2. 0.8
3. 6.3
4. 37.8

2
1. 7.6
2. 16.1
3. 40.8
4. 75.2
5. 0.6
6. 0.6
7. 5.6
8. 91.2
9. 98.8
10. 323.4

4 Decimal × Integer II
P8-9

1
1. 3.0
2. 7.0
3. 23.0
4. 50.0

2
1. 6.0
2. 10.0
3. 29.0
4. 1.0
5. 4.0
6. 2.0
7. 37.0
8. 86.0
9. 100.0
10. 243.0

5 Decimal × Integer III
P10-11

1
1. 7.12
2. 2.25
3. 19.62
4. 6.40
5. 3.00
6. 16.24

2
1. 5.82
2. 36.72
3. 32.04
4. 14.30
5. 45.01
6. 0.92
7. 6.37
8. 2.20
9. 6.08
10. 0.30

6 Decimal × Integer IV
P12-13

1

1.
$$\begin{array}{r} 1.2 \\ \times\ 46 \\ \hline 72 \\ 48 \\ \hline 55.2 \end{array}$$

2.
$$\begin{array}{r} 4.5 \\ \times\ 36 \\ \hline 270 \\ 135 \\ \hline 162.0 \end{array}$$

3.
$$\begin{array}{r} 0.7 \\ \times\ 69 \\ \hline 63 \\ 42 \\ \hline 48.3 \end{array}$$

4.
$$\begin{array}{r} 34.5 \\ \times\ 30 \\ \hline 1035.0 \end{array}$$

2

①
```
    1.6
×  12
    32
  16
  19.2
```

④
```
    0.6
×  12
    12
   6
   7.2
```

②
```
    3.8
×  74
  152
 266
  281.2
```

⑤
```
    0.9
×  83
    27
  72
  74.7
```

③
```
    8.5
×  52
  170
 425
  442.0
```

⑥
```
    65.1
×    80
  5208.0
```

7 Decimal × Integer V P14-15

1

①
```
    1.36
×    12
   272
  136
  16.32
```

③
```
    0.32
×    16
   192
   32
   5.12
```

②
```
    4.69
×    37
  3283
 1407
 173.53
```

④
```
    0.45
×    34
   180
  135
  15.30
```

2

①
```
    1.28
×    14
   512
  128
  17.92
```

④
```
    0.26
×    17
   182
   26
   4.42
```

②
```
    3.04
×    42
   608
 1216
 127.68
```

⑤
```
    2.15
×    34
   860
  645
  73.10
```

③
```
    2.87
×    63
   861
 1722
 180.81
```

⑥
```
    1.68
×    25
   840
  336
  42.00
```

8 Integer × Decimal P16-17

1

①
```
    25
× 0.7
  17.5
```

④
```
    60
× 4.9
  540
 240
 294.0
```

②
```
     8
× 2.3
    24
  16
  18.4
```

⑤
```
    37
× 3.2
    74
 111
 118.4
```

③
```
    34
× 1.6
  204
  34
  54.4
```

2

①
```
    73
× 0.4
  29.2
```

⑤
```
    42
× 1.7
  294
  42
  71.4
```

②
```
   128
×  0.6
  76.8
```

⑥
```
    80
× 3.5
  400
 240
 280.0
```

③
```
     6
× 7.4
    24
  42
  44.4
```

⑦
```
    42
× 8.5
  210
 336
 357.0
```

④
```
    13
× 2.6
    78
  26
  33.8
```

9 Decimal × Decimal I P18-19

1
① 0.72
② 0.72
③ 2.16
④ 0.06

2
① 0.24
② 0.45
③ 0.28
④ 0.08
⑤ 0.52
⑥ 1.62
⑦ 2.45
⑧ 5.76
⑨ 8.68
⑩ 26.08

10 Decimal × Decimal II P20-21

1

①
```
   1.6
 × 1.4
   6 4
 1 6
 2.2 4
```

②
```
   3.7
 × 1.4
 1 4 8
 3 7
 5.1 8
```

③
```
   0.8
 × 2.4
   3 2
 1 6
 1.9 2
```

④
```
   3.4
 × 4.2
   6 8
 1 3 6
 1 4.2 8
```

2

①
```
   1.6
 × 2.4
   6 4
 3 2
 3.8 4
```

②
```
   0.9
 × 2.4
   3 6
 1 8
 2.1 6
```

③
```
   5.1
 × 1.7
 3 5 7
 5 1
 8.6 7
```

④
```
   2.3
 × 3.4
   9 2
 6 9
 7.8 2
```

⑤
```
   3.9
 × 4.2
   7 8
 1 5 6
 1 6.3 8
```

⑥
```
   5.3
 × 4.5
   2 6 5
 2 1 2
 2 3.8 5
```

11 Decimal × Decimal III P22-23

1

①
```
   3.4
 × 1.5
 1 7 0
 3 4
 5.1 0
```

②
```
   0.8
 × 4.5
   4 0
 3 2
 3.6 0
```

③
```
   2.5
 × 2.4
 1 0 0
 5 0
 6.0 0
```

④
```
   3.6
 × 2.5
 1 8 0
 7 2
 9.0 0
```

2

①
```
   1.2
 × 3.5
   6 0
 3 6
 4.2 0
```

②
```
   0.4
 × 1.5
   2 0
   4
 0.6 0
```

③
```
   1.4
 × 8.5
   7 0
 1 1 2
 1 1.9 0
```

④
```
   4.5
 × 2.6
 2 7 0
   9 0
 1 1.7 0
```

⑤
```
   2.5
 × 4.8
 2 0 0
 1 0 0
 1 2.0 0
```

⑥
```
   7.5
 × 2.4
 3 0 0
 1 5 0
 1 8.0 0
```

12 Decimal × Decimal IV P24-25

1

①
```
   2.2 3
 ×   3.4
   8 9 2
 6 6 9
 7.5 8 2
```

②
```
   3.1 4
 × 0.6 2
   6 2 8
 1 8 8 4
 1.9 4 6 8
```

③
```
     3.4
 × 1.2 6
   2 0 4
   6 8
 3 4
 4.2 8 4
```

④
```
     2.8
 × 0.3 6
   1 6 8
   8 4
 1.0 0 8
```

2

①
```
   1.2 3
 ×   2.5
   6 1 5
 2 4 6
 3.0 7 5
```

②
```
   3.0 4
 ×   3.9
 2 7 3 6
 9 1 2
 1 1.8 5 6
```

③
```
   2.5 7
 × 0.6 1
   2 5 7
 1 5 4 2
 1.5 6 7 7
```

④
```
     2.4
 × 0.5 6
   1 4 4
 1 2 0
 1.3 4 4
```

⑤
```
     0.8 2
 × 5.4 3
   2 4 6
 3 2 8
 4 1 0
 4.4 5 2 6
```

⑥
```
     1.2 3
 × 2.4 1
   1 2 3
 4 9 2
 2 4 6
 2.9 6 4 3
```

13 Decimal × Decimal V P26-27

1

①
```
    2.15
 ×   4.2
    430
  860
  9.030
```

③
```
    0.24
 ×   3.8
    192
    72
  0.912
```

②
```
    2.4
 × 0.75
    120
    168
  1.800
```

④
```
    0.34
 × 0.27
    238
    68
  0.0918
```

2

①
```
    3.24
 ×   1.5
   1620
    324
  4.860
```

④
```
    0.27
 ×   2.7
    189
    54
  0.729
```

②
```
    6.5
 × 0.34
    260
    195
  2.210
```

⑤
```
    0.16
 × 0.47
    112
    64
  0.0752
```

③
```
    6.25
 × 0.56
   3750
   3125
  3.5000
```

⑥
```
    0.66
 × 0.75
    330
    462
  0.4950
```

14 Review: Multiplication with Decimals P28-29

1

①
```
    9.5
 ×    8
   76.0
```

④
```
    7.13
 ×     8
   57.04
```

②
```
     5.2
 ×    67
    364
    312
  348.4
```

⑤
```
     3.94
 ×     28
    3152
    788
  110.32
```

③
```
     49
 ×  3.4
    196
    147
  166.6
```

2

①
```
    2.8
 ×  7.3
     84
   196
  20.44
```

④
```
    3.76
 ×   4.2
    752
   1504
  15.792
```

②
```
    4.2
 ×  8.5
    210
    336
  35.70
```

⑤
```
    0.84
 ×   3.5
    420
    252
   2.940
```

③
```
    0.6
 ×  1.6
     36
     6
   0.96
```

⑥
```
     5.92
 ×   2.63
    1776
    3552
   1184
  15.5696
```

15 Decimal ÷ Integer I P30-31

1

①
```
       2.6
   3)7.8
     6
     18
     18
      0
```

③
```
      0.8
   8)6.4
     64
      0
```

②
```
      2.54
   3)7.62
     6
     16
     15
      12
      12
       0
```

④
```
      0.34
   7)2.38
     21
      28
      28
       0
```

2

①
$$\begin{array}{r} 1.9 \\ 5\overline{)9.5} \\ 5 \\ \hline 45 \\ 45 \\ \hline 0 \end{array}$$

②
$$\begin{array}{r} 0.6 \\ 7\overline{)4.2} \\ 42 \\ \hline 0 \end{array}$$

③
$$\begin{array}{r} 5.9 \\ 4\overline{)23.6} \\ 20 \\ \hline 36 \\ 36 \\ \hline 0 \end{array}$$

④
$$\begin{array}{r} 2.39 \\ 4\overline{)9.56} \\ 8 \\ \hline 15 \\ 12 \\ \hline 36 \\ 36 \\ \hline 0 \end{array}$$

⑤
$$\begin{array}{r} 6.39 \\ 8\overline{)51.12} \\ 48 \\ \hline 31 \\ 24 \\ \hline 72 \\ 72 \\ \hline 0 \end{array}$$

⑥
$$\begin{array}{r} 0.67 \\ 5\overline{)3.35} \\ 30 \\ \hline 35 \\ 35 \\ \hline 0 \end{array}$$

2

①
$$\begin{array}{r} 1.4 \\ 31\overline{)43.4} \\ 31 \\ \hline 124 \\ 124 \\ \hline 0 \end{array}$$

②
$$\begin{array}{r} 2.2 \\ 43\overline{)94.6} \\ 86 \\ \hline 86 \\ 86 \\ \hline 0 \end{array}$$

③
$$\begin{array}{r} 0.9 \\ 32\overline{)28.8} \\ 288 \\ \hline 0 \end{array}$$

④
$$\begin{array}{r} 3.14 \\ 12\overline{)37.68} \\ 36 \\ \hline 16 \\ 12 \\ \hline 48 \\ 48 \\ \hline 0 \end{array}$$

⑤
$$\begin{array}{r} 2.34 \\ 23\overline{)53.82} \\ 46 \\ \hline 78 \\ 69 \\ \hline 92 \\ 92 \\ \hline 0 \end{array}$$

⑥
$$\begin{array}{r} 0.95 \\ 19\overline{)18.05} \\ 171 \\ \hline 95 \\ 95 \\ \hline 0 \end{array}$$

16 Decimal ÷ Integer II   P32-33

1

①
$$\begin{array}{r} 2.3 \\ 14\overline{)32.2} \\ 28 \\ \hline 42 \\ 42 \\ \hline 0 \end{array}$$

②
$$\begin{array}{r} 0.8 \\ 23\overline{)18.4} \\ 184 \\ \hline 0 \end{array}$$

③
$$\begin{array}{r} 2.14 \\ 16\overline{)34.24} \\ 32 \\ \hline 22 \\ 16 \\ \hline 64 \\ 64 \\ \hline 0 \end{array}$$

④
$$\begin{array}{r} 0.65 \\ 21\overline{)13.65} \\ 126 \\ \hline 105 \\ 105 \\ \hline 0 \end{array}$$

17 Integer ÷ Integer   P34-35

1

① (1)
$$\begin{array}{r} 1 \\ 5\overline{)8} \\ 5 \\ \hline 3 \end{array}$$

(2)
$$\begin{array}{r} 1.6 \\ 5\overline{)8.0} \\ 5 \\ \hline 30 \\ 30 \\ \hline 0 \end{array}$$

② (1)
$$\begin{array}{r} 0.7 \\ 32\overline{)24.0} \\ 224 \\ \hline 16 \end{array}$$

(2)
$$\begin{array}{r} 0.75 \\ 32\overline{)24.0} \\ 224 \\ \hline 160 \\ 160 \\ \hline 0 \end{array}$$

2

①
$$\begin{array}{r} 7.75 \\ 4\overline{)31.0} \\ 28 \\ \hline 30 \\ 28 \\ \hline 20 \\ 20 \\ \hline 0 \end{array}$$

②
$$\begin{array}{r} 0.04 \\ 25\overline{)1.00} \\ 100 \\ \hline 0 \end{array}$$

3 ① 8)7 6 = 9.5
7 2
4 0
4 0
0

② 16)6.0 = 0.3 7 5
4 8
1 2 0
1 1 2
8 0
8 0
0

18 Decimal ÷ Integer Ⅲ P36-37

1 ① (1) ⟶ (2)

0.|4|
5)2.3
|2 0|
|3|

0.4|6|
5)2.3 0
2 0
3 0
|3 0|
0

② (1) ⟶ (2)

2.|
45)9 2.7
|9 0|
|2 7|

2.|0|6
45)9 2.7 0
9 0
2 7 0
|2 7 0|
0

2 ① 2.4 5
4)9.8 0
8
1 8
1 6
2 0
2 0
0

② 1.9 5
24)4 6.8 0
2 4
2 2 8
2 1 6
1 2 0
1 2 0
0

3 ① 0.0 5
8)0.4 0
4 0
0

② 0.9 7 5
16)1 5.6
1 4 4
1 2 0
1 1 2
8 0
8 0
0

19 Integer ÷ Decimal Ⅰ P38-39

1 ① 2|0|
0.3)6 0
6
|0|

② 4 5
0.4)1 8 0|
1 6
2 0|
2 0|
0

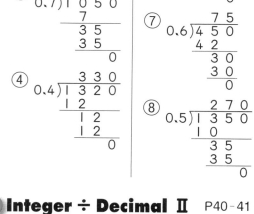

2 ① 1 5
0.6)9 0
6
3 0
3 0
0

② 6 0
0.4)2 4 0
2 4
0

③ 1 5 0
0.7)1 0 5 0
7
3 5
3 5
0

④ 3 3 0
0.4)1 3 2 0
1 2
1 2
1 2
0

⑤ 2 8
0.5)1 4 0
1 0
4 0
4 0
0

⑥ 4 5
0.8)3 6 0
3 2
4 0
4 0
0

⑦ 7 5
0.6)4 5 0
4 2
3 0
3 0
0

⑧ 2 7 0
0.5)1 3 5 0
1 0
3 5
3 5
0

20 Integer ÷ Decimal Ⅱ P40-41

1 ① (2)
1.2)6 0|

(3) |5|
1.2)6 0
|6 0|
0

② (1)
4.5)8 1 0|

(2) |1 8|
4.5)8 1 0
|4 5|
|3 6 0|
|3 6 0|
0

2 ① 6
1.5)9 0
9 0
0

② 5
1.4)7 0
7 0
0

③ 5
1.8)9 0
9 0
0

④ 1 2
6.5)7 8 0
6 5
1 3 0
1 3 0
0

⑤ 2 5
2.8)7 0 0
5 6
1 4 0
1 4 0
0

⑥ 2 4
2.5)6 0 0
5 0
1 0 0
1 0 0
0

21 Decimal ÷ Decimal I   P42-43

1

①
```
          4
0.6)2.4
      2 4
        0
```

②
```
        3.3
0.4)1.3.2
      1 2
        1 2
        1 2
          0
```

2

①
```
        2 1
0.6)1 2.6
      1 2
          6
          6
          0
```

⑤
```
        0.2 5
0.6)0.1.5
        1.2
          3 0
          3 0
            0
```

②
```
        3 5
0.5)1 7.5
      1 5
        2 5
        2 5
          0
```

⑥
```
        9 4
0.4)3 7.6
      3 6
        1 6
        1 6
          0
```

③
```
        0.5
0.7)0.3.5
        3 5
          0
```

⑦
```
        8.3
0.4)3.3.2
      3 2
        1 2
        1 2
          0
```

④
```
        2.5
0.6)1.5
      1 2
        3 0
        3 0
          0
```

⑧
```
        3.6
0.7)2.5.2
      2 1
        4 2
        4 2
          0
```

22 Decimal ÷ Decimal II   P44-45

1

① (1) ──────→ (2)
```
        5                5.6
1.5)8.4          1.5)8.4.0
      7 5              7 5
        9                9 0
                         9 0
                           0
```

② (1) ──────→ (2)
```
        0.2              0.2 5
4.8)1.2.0        4.8)1.2.0 0
      9 6              9 6
        2 4              2 4 0
                         2 4 0
                             0
```

2

①
```
          7
5.7)3 9.9
      3 9 9
          0
```

②
```
        0.6
6.5)3.9.0
      3 9 0
          0
```

3

①
```
        7.5
3.4)2 5.5
      2 3 8
        1 7 0
        1 7 0
            0
```

③
```
          6
8.3)4 9.8
      4 9 8
          0
```

②
```
        0.2 5
8.4)2.1.0
      1 6 8
        4 2 0
        4 2 0
            0
```

④
```
        0.8
3.5)2.8.0
      2 8 0
          0
```

23 Decimal ÷ Decimal III P46-47

1 ① (1) ──────→ (2)

```
          1.            1.6
   3.7)5.9.2      3.7)5.9.2
      3 7             3 7
      2 2 2           2 2 2
                      2 2 2
                          0
```

② (1) ──────→ (2)

```
          0.            0.7
   7.6)5.3.2      7.6)5.3.2
                      5 3 2
                          0
```

2 ①
```
        4.9
  1.6)7.8 4
     6 4
     1 4 4
     1 4 4
         0
```

②
```
        3.4
  2.7)9.1.8
     8 1
     1 0 8
     1 0 8
         0
```

③
```
        0.6
  4.8)2.8.8
     2 8 8
         0
```

④
```
        1.3
  5.8)7.5.4
     5 8
     1 7 4
     1 7 4
         0
```

⑤
```
        0.5
  6.9)3.4.5
     3 4 5
         0
```

⑥
```
        0.3
  9.1)2.7.3
     2 7 3
         0
```

24 Decimal ÷ Decimal IV P48-49

1 ①
```
         2 4
  0.48)1 1.5 2
       9 6
       1 9 2
       1 9 2
           0
```

②
```
         3.5
  0.64)2.2 4
       1 9 2
       3 2 0
       3 2 0
           0
```

2 ①
```
            3 5
  0.41)1 4.3 5
       1 2 3
       2 0 5
       2 0 5
           0
```

②
```
            4 2
  0.28)1 1.7 6
       1 1 2
         5 6
         5 6
           0
```

③
```
            2 3
  1.23)2 8.2 9
       2 4 6
         3 6 9
         3 6 9
             0
```

④
```
            2 0 4
  0.47)9 5.8 8
       9 4
       1 8 8
       1 8 8
           0
```

⑤
```
          4.5
  0.58)2.6 1
       2 3 2
         2 9 0
         2 9 0
             0
```

⑥
```
          1.5
  3.06)4.5 9
       3 0 6
       1 5 3 0
       1 5 3 0
             0
```

25 Decimal ÷ Decimal V P50-51

1 ①
```
          7.5
  1.2)9.0.
      8 4
        6 0
        6 0
          0
```

②
```
          0.4
  2.5)1.0.0
      1 0 0
          0
```

③
```
            5 2
  0.15)7.8 0.
       7 5
         3 0
         3 0
           0
```

④
```
            0 4
  0.75)0.3 0.0
       3 0 0
             0
```

2 ①
```
        1.2
  2.5)3.0
     2 5
       5 0
       5 0
         0
```

②
```
        2.5
  0.8)2.0.
     1 6
       4 0
       4 0
         0
```

③
```
        0.8
  7.5)6.0.0
     6 0 0
         0
```

④
```
          4 0
  0.14)5.6 0
       5 6
          0
```

⑤
```
          2 5
  0.18)4.5 0
       3 6
         9 0
         9 0
           0
```

⑥
```
          1.2
  0.25)0.3 0.
       2 5
         5 0
         5 0
           0
```

1

①
```
      6.4
3)1 9.2
  1 8
    1 2
    1 2
       0
```

②
```
       0.7
45)3 1.5
   3 1 5
         0
```

③
```
      1.5 6
4)6.2 4
  4
  2 2
  2 0
    2 4
    2 4
       0
```

④
```
       1.0 8
18)1 9.4 4
   1 8
     1 4 4
     1 4 4
           0
```

⑤
```
        4.8
2.5)1 2 0.
    1 0 0
      2 0 0
      2 0 0
            0
```

2

①
```
       1.5 5
8)1 2.4
  8
  4 4
  4 0
    4 0
    4 0
       0
```

②
```
      1.7 5
1.6)2.8.
    1 6
    1 2 0
    1 1 2
        8 0
        8 0
           0
```

③
```
       3.9
2.3)8.9.7
    6 9
    2 0 7
    2 0 7
          0
```

④
```
           6
1.47)8.8 2
     8 8 2
           0
```

⑤
```
          0.7 5
4.84)3.6 3.0
     3 3 8 8
       2 4 2 0
       2 4 2 0
               0
```

1

①
```
     3.7 5
  ×   2.6
  2 2 5 0
  7 5 0
  9.7 5 0
```

②
```
     4.3
  × 7.7
  3 0 1
  3 0 1
  3 3.1 1
```

③
```
     1.8
  × 0.4
  0.7 2
```

④
```
     0.5 5
  ×   3.2
  1 1 0
  1 6 5
  1.7 6 0
```

⑤
```
       4.8 1
  ×   2.4 6
  2 8 8 6
  1 9 2 4
  9 6 2
  1 1.8 3 2 6
```

2

①
```
      1.6 5
8)1 3.2
  8
  5 2
  4 8
    4 0
    4 0
       0
```

②
```
       1.7
1.4)2.3.8
    1 4
      9 8
      9 8
         0
```

③
```
       3.8
2.4)9.1.2
    7 2
    1 9 2
    1 9 2
          0
```

④
```
           7
1.37)9.5 9
     9 5 9
           0
```

⑤
```
          3.2
0.75)2.4 0
     2 2 5
       1 5 0
       1 5 0
             0
```